Bernd Wehren

Freiarbeitsmaterial

Lese- und Schreibmalblätter

1./2. Klasse

Lesen und Schreiben auf Wort-, Satzteil- und Satzebene kreativ fördern

Der Autor:

Bernd Wehren studierte von 1990 bis 1995 Lehramt in Münster mit den Fächern Deutsch, Mathe, Sachunterricht und Sport. Nach einem Referendariat in Bochum unterrichtete er an mehreren Grundschulen, seit 2000 an der Heinrich-Neuy-Grundschule in Steinfurt.
Ab 2006 sind zahlreiche Arbeitshefte, Kopiervorlagen, Unterrichtsmaterialien und Lernspiele für Grundschüler von Bernd Wehren erschienen.

Folgende Cornelsen-Titel sind von ihm bereits erschienen:

- Kleine Deutsch-Stars (Kita/Klasse 1)
- Kombitraining 2 in 1: Mit Bildergeschichten Texte verfassen und Rechtschreibung trainieren – Band 1 (Klasse 1/2)
- Kombitraining 2 in 1: Mit Bildergeschichten Texte verfassen und Rechtschreibung trainieren – Band 2 (Klasse 2/3)
- Kombitraining 2 in 1: Mit Bildergeschichten Texte verfassen und Rechtschreibung trainieren – Band 3 (Klasse 3/4)
- Die große Freiarbeits-Schatzkiste – Deutsch Klasse 1
- Die große Freiarbeits-Schatzkiste – Mathe Klasse 1
- Die große Freiarbeits-Schatzkiste – Deutsch Klasse 2
- Die große Freiarbeits-Schatzkiste – Mathe Klasse 2
- Die große Freiarbeits-Schatzkiste – Deutsch Klasse 3
- Die große Freiarbeits-Schatzkiste – Mathe Klasse 3
- Die große Freiarbeits-Schatzkiste – Deutsch Klasse 4
- Die große Freiarbeits-Schatzkiste - Mathe Klasse 4
- Die große SPIELE-Schatzkiste Deutsch 1/2
- Die große SPIELE-Schatzkiste Mathe 1/2
- Rechen-Rätsel bis 20 (Klasse 1/2)
- Rechen-Rätsel bis 100 (Klasse 2/3)
- Rechen-Rätsel bis 1000 (Klasse 3/4)
- Rechtschreib-Kreuzworträtsel Klasse 2–4
- Wörter-Suchrätsel von A bis Z Klasse 2–4
- Rechenmalblätter (Klasse 1/2)

Projektleitung: Maren Krüger, Berlin
Redaktion: Daniela Brunner, Korschenbroich
Umschlagkonzept/-gestaltung: Corinna Babylon /Jule Kienecker, Berlin
Umschlagillustrationen: Shutterstock.com/zorina_larisa
Hintergrundstruktur Umschlag und Innenteil: Shutterstock.com/F16-ISO100
Layout/technische Umsetzung: krauß-verlagsservice, Ederheim/Hürnheim

www.cornelsen.de

1. Auflage 2022

Druck: H. Heenemann, Berlin

ISBN 978-3-589-16849-1

PEFC
PEFC/04-31-1156

PEFC zertifiziert
Dieses Produkt stammt aus nachhaltig bewirtschafteten Wäldern und kontrollierten Quellen.
www.pefc.de

Inhalt

64 Lesemalblätter von A–Z:

Einleitung

Kinder malen, kritzeln und gestalten gerne Bilder. Mit dem Material in diesem Band verknüpfen Sie spaßbetontes Malen mit sinnerfassendem Lesen und themenorientiertem Schreiben.
Die Arbeitsblätter fordern zum Lesen und Malen heraus, da die Kinder die Wörter, Satzteile oder Sätze auf den Arbeitsblättern sinnerfassend lesen und passende Mini-Bilder dazu malen. Ist das Lesemalblatt dann fertig, dürfen Ihre Schülerinnen und Schüler weitere Wörter, Satzteile, Sätze hinzufügen oder/und eigene Texte bzw. eigene Geschichten zum Lesemalblatt aufschreiben. Dabei helfen Ihren Schülerinnen und Schülern die gemalten Mini-Bilder sowie die Wörter, Satzteile und Sätze. Somit werden Sie mit einem Schlag zahlreichen Aufgaben und Zielen des Lehrplans Deutsch auf kreative und motivierende Weise gerecht (vgl. LP Deutsch).

Zu den Lesemalblättern (S. 16–79):

Jedes Lesemalblatt besteht aus mehreren vorgegebenen Mini-Bildern und „Malanleitungen", die 4-fach differenziert sind:

★ sehr leicht = Wörter und vorgegebene Bilder

★★ leicht = Wörter

★★★ mittel = Satzteile

★★★★ schwer = Sätze

Die Kinder lesen die Wörter, Satzteile oder Sätze sinnerfassend und malen je ein passendes Mini-Bild dazu. Da jedes der 64 Lesemalblätter aus ca. 8 bis 14 Malanleitungen (Wörter, Satzteile, Sätze) besteht, müssen die Kinder also 8 bis 14 Mini-Bilder malen. So entsteht ein komplettes „Gemälde" zu einem bestimmten Thema. Die 16 Themen sind kindgemäß, lehrplanorientiert und von A bis Z geordnet: von Ausflug bis Zoo. Da die vorgegebenen Wörter, Satzteile und Sätze in Hellgrau gedruckt sind, ist nach Fertigstellung eines „Lesemalblattes" ein farbenfrohes Bild zu sehen. Die Wörter, Satzteile, Sätze sind nur bei genauem Hinsehen zu entdecken. Wenn Sie aber wollen, dass die vorgegebenen Wörter, Satzteile, Sätze auch nach dem Malen noch gut zu lesen sind, kopieren Sie die Lesemalblätter für Ihre Schülerinnen und Schüler einfach dunkler.

Tipp: Die „sehr leichten" Arbeitsblätter sollten Sie als Vorübung bzw. als „Warming-up" allen Kindern geben, damit sie je acht Wörter sinnerfassend lesen und das Malen der Bilder üben.

Zum Einsatz im Unterricht:

Sie können die Lesemalblätter im DIN-A4-Format hell oder dunkel (evtl. doppelseitig mit dem Lineaturblatt von S. 15) oder/und vergrößert auf DIN-A3-Format kopieren, damit die Schrift der Wörter, Satzteile, Sätze größer ist und die Kinder genug Platz zum Malen und zum Schreiben eigener Wörter, Satzteile, Sätze im Lesemalblatt haben. Sind z. B. 24 Kinder in Ihrer Klasse, sollten Sie 24-mal die sehr leichte Stufe, 8-mal die leichte Stufe, 12-mal die mittlere Stufe und 8-mal die schwere Stufe kopieren. Sie können die Lesemalblätter auch als Schul- und Hausaufgabe nutzen, indem Sie die leichte und mittlere Stufe im Unterricht als Schulaufgabe zweifach differenziert einsetzen und als Hausaufgabe den leistungsschwächeren Schülern die mittlere Stufe und den leistungsstärkeren Schülern die schwere Stufe mitgeben. So sorgen Sie für eine Lernprogression. Neben dem normalen Deutschunterricht können Sie die Lesemalblätter auch in der Wochenplan- und Freiarbeit, aber auch im Kunstunterricht fächerverbindend einsetzen.

Zum Zusatzmaterial:

Sie können zu Beginn einer „Lesemalblätter-Unterrichtsreihe" die Pässe (S. 5) und die passende Schriftkarte (S. 6) auf Karton kopieren und jedem Schüler einen Pass und eine passende Schriftkarte geben, die die Kinder im Mäppchen aufbewahren. Die zwölf Erzähl- und Schreibtipp-Karten (S. 7–9) können Sie nach und nach im Unterricht einführen, damit sich die Erzählungen und Texte Ihrer Schüler stets verbessern. Die lautgetreue Wörterliste von A bis Z und die Bildkärtchen zum Ausschneiden und Aufkleben (S. 12–14) können die Kinder für eigene Lesemalblätter nutzen; auch hier können die eigenen Texte und Geschichten auf das kopierte Lineaturblatt (S. 15) geschrieben werden. Am Ende der Unterrichtsreihe können Sie die Kinder mit der Urkunde (S. 80) belohnen.

Viel Spaß und Erfolg mit den „Lesemalblättern" wünscht Ihnen und den Kindern
Bernd Wehren ☺

Tipp: *B. Wehren:* Rechenmalblätter. Mathematische Kompetenzen kreativ fördern. Cornelsen.

Lesemalblätter-Pässe

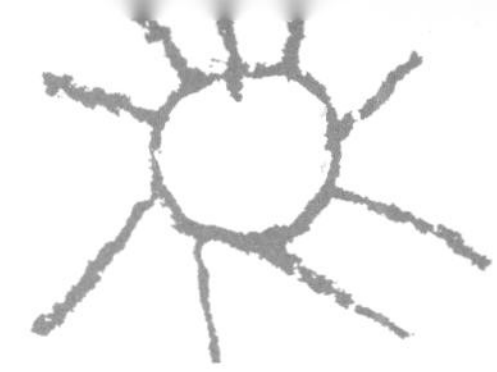

Nach dem Kopieren an der waagerechten Mittellinie zerschneiden, dann jeden Pass zuerst an der waagerechten und zuletzt an der senkrechten Linie knicken.

Kreuze bearbeitete Lesemalblätter an.

○ 1 ○ 2 ○ 3 ○ 4

○ 5 ○ 6 ○ 7 ○ 8

Kreuze bearbeitete Lesemalblätter an.

○ 9 ○ 10 ○ 11 ○ 12

○ 13 ○ 14 ○ 15 ○ 16

Du hast die Lesemalblätter richtig und sinnvoll an- und weitergemalt. Du kannst Wörter, Satzteile, Sätze lesen und schreiben.

Toll! Weiter so!

Datum, Unterschrift

B. Wehren: Lese- und Schreibmalblätter 1/2, Cornelsen

LESEMALBLÄTTER-PASS

Wörter – Satzteile – Sätze

Name

Kreuze bearbeitete Lesemalblätter an.

○ 1 ○ 2 ○ 3 ○ 4

○ 5 ○ 6 ○ 7 ○ 8

Kreuze bearbeitete Lesemalblätter an.

○ 9 ○ 10 ○ 11 ○ 12

○ 13 ○ 14 ○ 15 ○ 16

Du hast die Lesemalblätter richtig und sinnvoll an- und weitergemalt. Du kannst Wörter, Satzteile, Sätze lesen und schreiben.

Toll! Weiter so!

Datum, Unterschrift

B. Wehren: Lese- und Schreibmalblätter 1/2, Cornelsen

LESEMALBLÄTTER-PASS

Wörter – Satzteile – Sätze

Name

Bernd Wehren • Lese- und Schreibmalblätter 1/2. Klasse | Illustration (Sonne): Shutterstock.com/zorina_larisa

Schriftkarten – DS, VA, LA, SA, GS

Bitte kopieren und laminieren Sie für jede Schülerin/jeden Schüler eine Karte zur Aufbewahrung im Etui.

Druckschrift

A a B b C c D d E e F f G g H h I i J j

K k L l M m N n O o P p Q q R r S s T t

U u V v W w X x Y y Z z Ä ä Ö ö Ü ü ß

Vereinfachte Ausgangsschrift

A a B b C c D d E e F f G g H h I i J j

K k L l M m N n O o P p Q q R r S s T t

U u V v W w X x Y y Z z Ä ä Ö ö Ü ü ß

Lateinische Ausgangsschrift

A a B b C c D d E e F f G g H h I i J j

K k L l M m N n O o P p Q q R r S s T t

U u V v W w X x Y y Z z Ä ä Ö ö Ü ü ß

Schulausgangsschrift

A a B b C c D d E e F f G g H h I i J j

K k L l M m N n O o P p Q q R r S s T t

U u V v W w X x Y y Z z Ä ä Ö ö Ü ü ß

Grundschrift

A a B b C c D d E e F f G g H h I i J j K k

L l M m N n O o P p Q q R r S s T t U u

V v W w X x Y y Z z Ä ä Ö ö Ü ü ß

Bernd Wehren • Lese- und Schreibmalblätter 1./2. Klasse | Illustration (Sonne): Shutterstock.com/zorina_larisa

1

Erzähl- und Schreibtipp-Karten (1–4)

Kopieren Sie die Karten vergrößert auf grünen, gelben und roten DIN A3-Karton. So können Mitschülerinnen und Mitschüler signalisieren, ob die Tipps beachtet (= grün), teilweise beachtet (= gelb) oder nicht beachtet wurden (= rot).

1. Denke dir eine Überschrift aus, die neugierig macht oder über die Geschichte informiert.

2. Schreibe und male viele kleine Schreibideen auf ein weiteres Blatt. Deine Schreibideen sollten lustig, spannend, gruselig, interessant ... sein.

3. Spiele mit anderen Kindern deine Geschichte nach. Sprecht dabei und spielt wie richtige Schauspieler. So sammelst du weitere Ideen für deinen Text.

4. Erzähle deine Geschichte lustig oder spannend, indem etwas Überraschendes und Unerwartetes passiert. Schiebe Fragen, Pausen, Gedanken, Gefühle ein. Verstelle deine Stimme beim Erzählen.

Bernd Wehren • Lese- und Schreibmalblätter 1/2. Klasse | Illustrationen: Liliane Oser, außer: Sonne: Shutterstock.com/zorina_larisa

Erzähl- und Schreibtipp-Karten (5–8)

Kopieren Sie die Karten vergrößert auf grünen, gelben und roten DIN A3-Karton. So können Mitschülerinnen und Mitschüler signalisieren, ob die Tipps beachtet (= grün), teilweise beachtet (= gelb) oder nicht beachtet wurden (= rot).

5. Schreibe immer mit Bleistift, damit du schnell und sauber verbessern kannst. Achte auf eine leserliche Schrift.

6. Achte beim Schreiben darauf, dass du deine Geschichte in der richtigen Reihenfolge aufschreibst und alle deine Geschichte verstehen können.

7. Nenne den Ort, die Zeit, Personen und weitere wichtige Dinge. Beantworte W-Fragen (Wann? Wo? Wer? Was? Wie? Warum?).

- Orte
- Zeit
- Personen
- Gründe

8. Beschreibe, was deine Personen, Tiere in deiner Geschichte sehen, riechen, fühlen, hören und schmecken.

Bernd Wehren • Lese- und Schreibmalblätter 1/2. Klasse | Illustrationen: Liliane Oser, außer: Sonne: Shutterstock.com/zorina_larisa

Erzähl- und Schreibtipp-Karten (9–12)

Kopieren Sie die Karten vergrößert auf grünen, gelben und roten DIN A3-Karton. So können Mitschülerinnen und Mitschüler signalisieren, ob die Tipps beachtet (= grün), teilweise beachtet (= gelb) oder nicht beachtet wurden (= rot).

9. Benutze Wiewörter (Adjektive): klein – groß, reich – arm, fröhlich – traurig, schön – hässlich, nett – böse ... Beschreibe die Dinge, Orte, Personen genau: Farbe, Größe, Menge.

10. Namenwörter und Satzanfänge schreibt man groß. Beispiele: Die Katze hat vier Beine und Krallen. Sie trinkt gerne warme Milch.

die Katze

11. Achte auf einen passenden, interessanten und vor allem kurzen Schluss.

... und alle Kinder
lachten erleichtert.
(Ende)

12. Lies den Text anderen langsam und laut vor. Haben die anderen alles verstanden? Fehlt etwas? Ist alles verständlich? Ist die Geschichte interessant? Passt dein Text zum Bild? Verbessere.

Lautgetreue Wörterliste von A–Z für eigene Lesemalblätter

1

A/a
acht
Adler
alt
Ameise
Ampel
Ananas
Angel
Apfel
Arm
Arzt
Ast
Auge
Auto
Axt

B/b
Bach
baden
Banane
Bank
Bart
Bauch
Bauer
Baum
Besen
Beutel
Birne
blau
Blume
böse
brauchen
braun
bringen
Brot
Buch
bunt

D/d
Dach
danken
Delfin
denken
Dino
Dose
Drache
Drachen
drei
drohen
dürfen

E/e
Ei
eilen
Eimer
eins
Eis
Elefant
elf
Eltern
Ente
Esel
Eule

F/f
Faden
Familie
Feder
Film
Fisch
Flasche
Flöte
Foto
Frau
Frosch
fünf

G/g
Gabel
Garten
geben
gehen
Geige
Gemüse
Geschenk
Gespenst
Glas
Gras
grün
Gurke
Gürtel
gut

H/h
halten
Hamster
Hase
Haus
heben
Heft
helfen
Helm
Herz
Heu
Hexe
Holz
Hose
Hupe
hüpfen
Hut

I/i
Igel
Iglu
Insel

J/j
Jäger
Jo-Jo
Jogurt
jubeln
Junge

K/k
klein
Kraut
Kuchen
Kugel

L/l
lachen
Lama
Lampe
lang
laufen
laut
Leiter
lesen
Limo
Loch
Löwe
Lupe

M/m
malen
Mantel
Maschine
Maske
Maus
Melone
Mensch
Milch
Motor
Möwe
Muschel
Musik

N/n
Nacht
Nadel
Nagel
Name
Nase
Nashorn
Nebel
neu
neun
Nudel

O/o
oben
Ofen

Bernd Wehren • Lese- und Schreibmalblätter 1./2. Klasse | Illustration (Sonne): Shutterstock.com/zorina_larisa; Hintergrund: Shutterstock.com/F16-ISO100

Lautgetreue Wörterliste von A–Z für eigene Lesemalblätter

Oma
Opa
Orden
Orgel
Osterhase

P/p
Paket
Palme
Papa
Papagei
Paprika
Perlen
Pfau
Pfeife
pfeifen
Pferde
Pflaster
Pflaume
pflegen
Pfosten
Pilz
Pinguin
Pinsel
Pirat
Pistole
Po
Pokal
Postbote

R/r
Rabe
Radio
Rakete
Rasen
rasen
Rauch
rauchen
Raupe
Regal
Regen
Regenbogen
Regenschirm
Rehe
Reifen
reiten
Roboter
rosa
Rose
rot

S/s
sagen
Salat
Schachtel
Schaf
Schal
Schale
schauen
Schaufel
Schaukel
Schere
schimpfen
Schirm
schlafen
Schlange
schlank
schlau
schnarchen
schneiden
Schokolade
schön
Schrank
schreiben
Schuhe
Schule
Schulhof
Schwein
Schwert
Seife
singen
Sofa
sparen
Specht
Sport
springen
sprinten
Stadion
staunen
stehen
Stein
Stern
stolpern
Storch
streicheln
streiten
streng
suchen

T/t
Tafel
tanzen
Tasche
Taube
Telefon
Teufel
Tisch
Tomate
Topf
Tor
Traktor
trinken
Tube
Tuch
Tür
Turm
Tüte

U/u
Ufo
Uhu
unten
Unterhose

W/w
Wagen
Wal
warm
warten
Wespe
Winter
Wolf
Wolke
wünschen
Würfel
Wurm
Wurst

Z/z
Zange
Zauberer
Zaun
Zebra
Zelt
Zirkus
Zitrone
Zunge
zwei

Hilfswörter:
der, die, das, ein, eine, einen, ich, du, er, sie, es, wir, ihr, ist, sind, bin, bist, hast, haben, kann, können, wird, werden, wirst, in, zu, von, mit, an, für, auf, sich, nicht, auch, müssen, wollen, als, und

Bildkärtchen zum Ausschneiden und Aufkleben für eigene Lesemalblätter

Bei Bedarf auf DIN A3 vergrößert kopieren.

Bernd Wehren • Lese- und Schreibmalblätter 1./2. Klasse | Illustrationen: Liliane Oser, außer: Sonne: Shutterstock.com/zorina_larisa

Bildkärtchen zum Ausschneiden und Aufkleben für eigene Lesemalblätter

2

Bei Bedarf auf DIN A3 vergrößert kopieren.

Bernd Wehren • Lese- und Schreibmalblätter 1./2. Klasse | Illustrationen: Liliane Oser, außer: Sonne: Shutterstock.com/zorina_larisa

3

Bildkärtchen zum Ausschneiden und Aufkleben für eigene Lesemalblätter

Bei Bedarf auf DIN A3 vergrößert kopieren.

Bernd Wehren • Lese- und Schreibmalblätter 1/2. Klasse | Illustrationen: Liliane Oser, außer: Sonne: Shutterstock.com/zorina_larisa

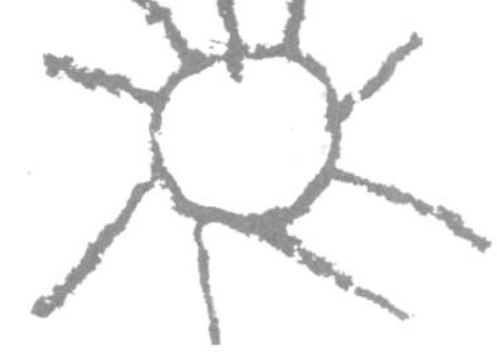

Lineaturblatt

Bernd Wehren • Lese- und Schreibmalblätter 1./2. Klasse | Illustration (Sonne): Shutterstock.com/zorina_larisa

Name: Klasse: Datum:

1. Lies. Spure nach. 2. Male das richtige, passende Bild an und streiche das falsche Bild durch. 3. Schreibe das Wort daneben auf die Linie. 4. Male das Bild darunter.

Sonne

S

Vogel

Bus

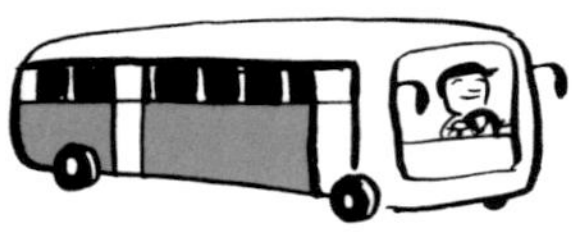

Kinder

Schule

Baum

Zelt

2

Blume

Bernd Wehren • Lese- und Schreibmalblätter 1./2. Klasse | Illustrationen: Liliane Oser, außer: Stern, Vogel, Baum: Anna-Lena Kühler; Blume: Kristina Klotz; Sonne: Shutterstock.com/zorina_larisa; Hintergrund: Shutterstock.com/F16-ISO100

Name: Klasse: Datum:

1. a) Lies. Male. b) Schreibe eigene Wörter ins Bild. Male dazu. c) Erzähle.
2. a) Schreibe eine Geschichte zu deinem Bild. b) Lies deine Geschichte vor.

Sonne

Wolken

Vögel

Straße

Schule

Bus

Auto

Kinder

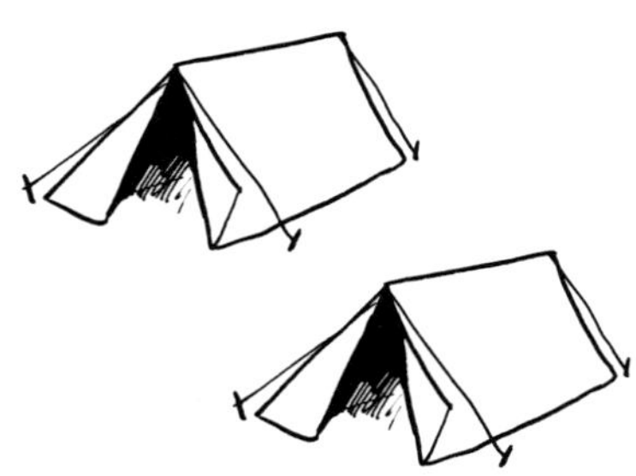

Bäume

Blumen

Wiese

Zelte

Bernd Wehren • Lese- und Schreibmalblätter 1/2. Klasse | Illustrationen: Liliane Oser, außer: Vogel: Anna-Lena Kühler; Sonne: Shutterstock.com/zorina_larisa; Hintergrund: Shutterstock.com/F16-ISO100

Name: Klasse: Datum:

1. a) Lies. Male. b) Schreibe eigene Wörter und Satzteile ins Bild. Male dazu. c) Erzähle. 2. a) Schreibe eine Geschichte zu deinem Bild. b) Lies deine Geschichte vor.

eine gelbe Sonne

drei graue Wolken

vier schwarze Vögel

eine lange Straße

eine bunte Schule

ein roter Bus

acht Kinder

drei hohe Bäume

ein grünes Auto

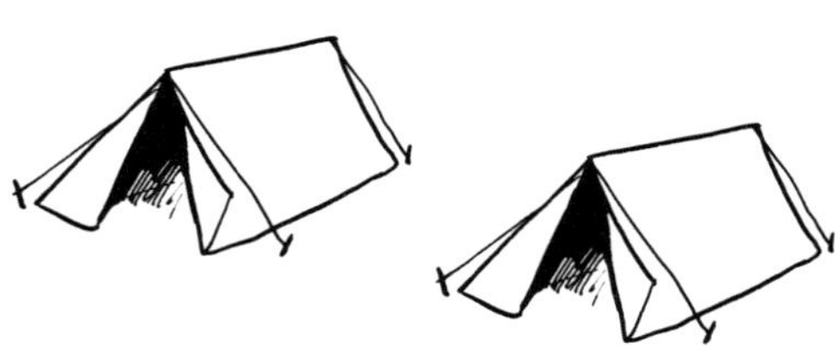

fünf rote Blumen

eine grüne Wiese

zwei gelbe Zelte

Bernd Wehren • Lese- und Schreibmalblätter 1./2. Klasse | Illustrationen: Liliane Oser, außer: Vogel: Anna-Lena Kühler; Sonne: Shutterstock.com/zorina_larisa; Hintergrund: Shutterstock.com/F16-ISO100

Name: Klasse: Datum:

1. a) Lies. Male. b) Schreibe eigene Wörter, Satzteile, Sätze ins Bild. Male dazu. c) Erzähle. 2. a) Schreibe eine Geschichte zu deinem Bild. b) Lies deine Geschichte vor.

Die gelbe Sonne geht auf.

Am Himmel sind drei graue Wolken.

Es fliegen vier schwarze Vögel am blauen Himmel.

Auf einer langen Straße fahren Autos und Busse.

Neben der bunten Schule stehen einige Kinder, Eltern und Lehrer.

Ein roter Bus parkt neben einem grünen Auto.

Acht Kinder spielen.

An drei hohen Bäumen hängen grüne Birnen.

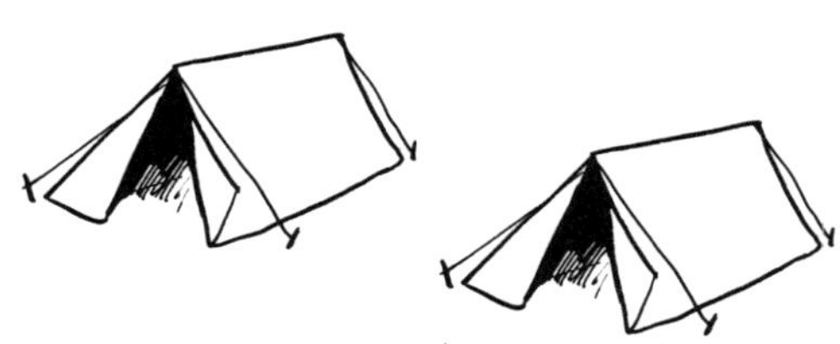

Auf einer Wiese blühen fünf rote Blumen.

Auf der grünen Wiese stehen zwei gelbe Zelte.

Bernd Wehren • Lese- und Schreibmalblätter 1/2. Klasse | Illustrationen: Liliane Oser, außer: Vogel: Anna-Lena Kühler; Sonne: Shutterstock.com/zorina_larisa; Hintergrund: Shutterstock.com/F16-ISO100

2. Lesemalblätter: Wörter-Bilder

Bauernhof und Haustiere

Name: Klasse: Datum:

1. Lies. Spure nach. 2. Male das richtige, passende Bild an und streiche das falsche Bild durch. 3. Schreibe das Wort daneben auf die Linie.
4. Male das Bild darunter.

Schwein

S

Pferd

Kuh

Hund

Esel

Maus

Katze

Traktor

Bernd Wehren • Lese- und Schreibmalblätter 1/2. Klasse | Illustrationen: Illustrationen: Liliane Oser, außer: Katze: Kristina Klotz; Sonne: Shutterstock.com/zorina_larisa; Hintergrund: Shutterstock.com/F16-ISO100

Name: Klasse: Datum:

1. a) Lies. Male. b) Schreibe eigene Wörter ins Bild. Male dazu. c) Erzähle.
2. a) Schreibe eine Geschichte zu deinem Bild. b) Lies deine Geschichte vor.

Scheune Pferd Heu

Traktor Kuh Hund

Schwein Katze Ente

Maus Käse

Bauer Esel Schafe

Bernd Wehren • Lese- und Schreibmalblätter 1./2. Klasse | Illustrationen: Illustrationen: Liliane Oser, außer: Sonne: Shutterstock.com/zorina_larisa; Hintergrund: Shutterstock.com/F16-ISO100

Name: Klasse: Datum:

1. a) Lies. Male. b) Schreibe eigene Wörter und Satzteile ins Bild. Male dazu. c) Erzähle. 2. a) Schreibe eine Geschichte zu deinem Bild. b) Lies deine Geschichte vor.

eine große Scheune

ein braunes Pferd

gelbes Heu

ein blauer Traktor

eine schwarze Kuh

ein brauner Hund

ein rosa Schwein

eine graue Katze

zwei grüne Enten

drei graue Mäuse

ein gelber Käse

ein kräftiger Bauer

ein grauer Esel

zwei weiße Schafe

Bernd Wehren • Lese- und Schreibmalblätter 1./2. Klasse | Illustrationen: Liliane Oser, außer: Sonne: Shutterstock.com/zorina_larisa; Hintergrund: Shutterstock.com/F16-ISO100

Name: Klasse: Datum:

1. a) Lies. Male. b) Schreibe eigene Wörter, Satzteile, Sätze ins Bild. Male dazu. c) Erzähle. 2. a) Schreibe eine Geschichte zu deinem Bild. b) Lies deine Geschichte vor.

Ein braunes Pferd mit Sattel steht neben einer großen Scheune.

Sechs gelbe Heuballen liegen übereinander.

Ein blauer Traktor fährt über den Hof.

Eine Kuh rennt vor dem Hund weg.

Zwei rosa Schweine liegen im Schlamm.

Die graue Katze faucht zwei grüne Enten an.

Drei graue Mäuse knabbern am gelben Käse.

Ein kräftiger Bauer streichelt einen grauen Esel.

Zwei weiße Schafe blöken laut.

Bernd Wehren • Lese- und Schreibmalblätter 1/2. Klasse | Illustrationen: Liliane Oser, außer: Sonne: Shutterstock.com/zorina_larisa; Hintergrund: Shutterstock.com/F16-ISO100

3. Lesemalblätter: Wörter-Bilder

Blumen und Pflanzen

Name: Klasse: Datum:

1. Lies. Spure nach. 2. Male das richtige, passende Bild an und streiche das falsche Bild durch. 3. Schreibe das Wort daneben auf die Linie.
4. Male das Bild darunter.

Schaufel

S

Apfelbaum

Busch

Blume

Erde

Gießkanne

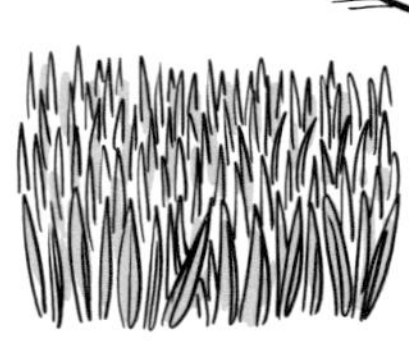

Blumentopf

Salat

Bernd Wehren • Lese- und Schreibmalblätter 1./2. Klasse | Illustrationen: Liliane Oser, außer: Baum, Blume, Sandburg: Kristina Klotz; Gras: Anna-Lena Kühler; Sonne: Shutterstock.com/zorina_larisa; Hintergrund: Shutterstock.com/F16-ISO100

Blumen und Pflanzen

Name: Klasse: Datum:

1. a) Lies. Male. b) Schreibe eigene Wörter ins Bild. Male dazu. c) Erzähle.
2. a) Schreibe eine Geschichte zu deinem Bild. b) Lies deine Geschichte vor.

Apfelbaum Kirschbaum Birnbaum

Sonnenblume Beet Busch

Schubkarre Schaufel Samentüten

Erde Blumentopf Gießkanne

Salat Beerenstrauch

Bernd Wehren • Lese- und Schreibmalblätter 1/2. Klasse | Illustrationen: Liliane Oser, außer: Baum: Kristina Klotz; Sonne: Shutterstock.com/zorina_larisa; Hintergrund: Shutterstock.com/F16-ISO100

3. Lesemalblätter: Satzteile

Blumen und Pflanzen

Name: Klasse: Datum:

1. a) Lies. Male. b) Schreibe eigene Wörter und Satzteile ins Bild. Male dazu. c) Erzähle. 2. a) Schreibe eine Geschichte zu deinem Bild. b) Lies deine Geschichte vor.

zwei kleine Apfelbäume

ein großer Kirschbaum

ein dicker Birnbaum

drei Sonnenblumen

ein braunes Beet

ein grüner Busch

eine graue Schubkarre

eine lange Schaufel

vier Tüten mit Samen

ein Sack mit Erde

fünf rote Blumentöpfe

eine gelbe Gießkanne

sechs grüne Salate

ein großer Beerenstrauch

Bernd Wehren • Lese- und Schreibmalblätter 1./2. Klasse | Illustrationen: Liliane Oser, außer: Baum: Kristina Klotz; Sonne: Shutterstock.com/zorina_larisa; Hintergrund: Shutterstock.com/F16-ISO100

Name: Klasse: Datum:

1. a) Lies. Male. b) Schreibe eigene Wörter, Satzteile, Sätze ins Bild. Male dazu. c) Erzähle. 2. a) Schreibe eine Geschichte zu deinem Bild. b) Lies deine Geschichte vor.

Auf der Obstwiese stehen zwei kleine Apfelbäume, ein großer Kirschbaum und ein Birnbaum.

Vor den Obstbäumen sind drei Sonnenblumen, ein braunes Beet und ein grüner Busch.

Der Bauer schiebt eine graue Schubkarre mit einer langen Schaufel und vier Tüten mit Samen.

Die Bäuerin gießt sechs grüne Salatköpfe und einen großen Beerenstrauch.

Einige Kinder tragen einen Sack mit Erde, fünf rote Blumentöpfe und eine grüne Gießkanne.

Name: Klasse: Datum:

1. Lies. Spure nach. 2. Male das richtige, passende Bild an und streiche das falsche Bild durch. 3. Schreibe das Wort daneben auf die Linie.
4. Male das Bild darunter.

Schwamm

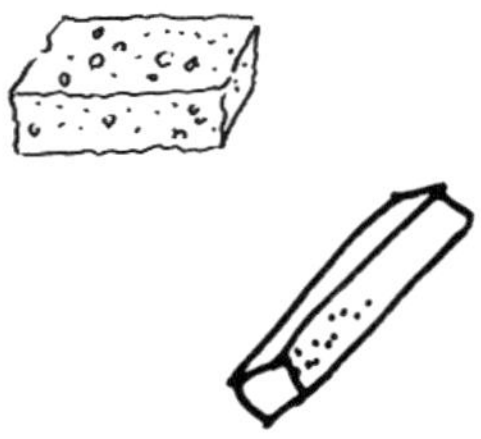

S

Lehrerin

Regal

Pult

Kreide

Schrank

Tafel

Hefte

Bernd Wehren • Lese- und Schreibmalblätter 1./2. Klasse | Illustrationen: Liliane Oser, außer: Schwamm: Kristina Klotz; Schrank, Lehrerin: Anna-Lena Kühler; Sonne: Shutterstock.com/zorina_larisa; Hintergrund: Shutterstock.com/F16-ISO100

Name: Klasse: Datum:

1. a) Lies. Male. b) Schreibe eigene Wörter ins Bild. Male dazu. c) Erzähle.
2. a) Schreibe eine Geschichte zu deinem Bild. b) Lies deine Geschichte vor.

Klassenraum Ziffern Buchstaben Tafel

Schrank

Regal

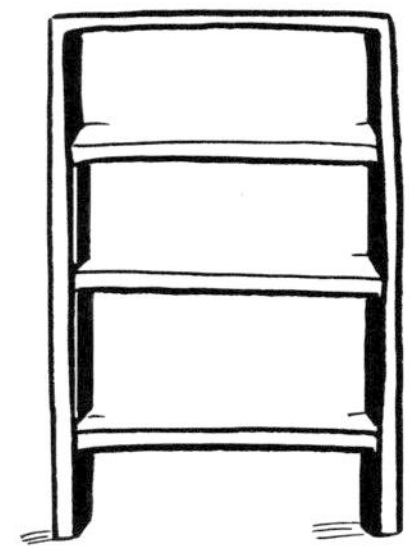

Hefte Bücher Pult

Schultüten Kinder Lehrerin

Tische Stühle Tornister

Bernd Wehren • Lese- und Schreibmalblätter 1./2. Klasse | Illustrationen: Liliane Oser, außer: Schrank: Anna-Lena Kühler; Sonne: Shutterstock.com/zorina_larisa; Hintergrund: Shutterstock.com/F16-ISO100

Name: Klasse: Datum:

1. a) Lies. Male. b) Schreibe eigene Wörter und Satzteile ins Bild. Male dazu. c) Erzähle. 2. a) Schreibe eine Geschichte zu deinem Bild. b) Lies deine Geschichte vor.

ein großer Klassenraum

zehn Ziffern

viele bunte Buchstaben

eine grüne Tafel

ein Schrank

ein Regal

ein Stapel mit Heften und mit Büchern

ein braunes Pult

bunte Schultüten

viele Kinder

eine nette Lehrerin

sechs grüne Tische

zwölf Stühle

zwölf Tornister

Bernd Wehren • Lese- und Schreibmalblätter 1/2. Klasse | Illustrationen: Liliane Oser, außer: Schrank: Anna-Lena Kühler; Sonne: Shutterstock.com/zorina_larisa; Hintergrund: Shutterstock.com/F16-ISO100

Name: Klasse: Datum:

1. a) Lies. Male. b) Schreibe eigene Wörter, Satzteile, Sätze ins Bild. Male dazu. c) Erzähle. 2. a) Schreibe eine Geschichte zu deinem Bild. b) Lies deine Geschichte vor.

In einem Klassenraum hängen Schilder mit zehn Ziffern und vielen bunten Buchstaben.

An der Wand ist eine grüne Tafel.

Neben einem braunen Schrank steht ein braunes Pult.

In einem grauen Regal liegen ein langes Lineal, ein Stapel mit roten Heften und ein Stapel mit blauen Büchern.

Die vielen Kinder mit ihren bunten Schultüten stehen vor der netten Lehrerin.

Auf dem Pult liegen ein brauner Schwamm und weiße Kreide.

Vor den sechs grünen Tischen sehen zwölf Stühle.

Neben den sechs Tischen stehen zwölf Tornister.

Bernd Wehren • Lese- und Schreibmalblätter 1/2. Klasse | Illustrationen: Liliane Oser, außer: Sonne: Shutterstock.com/zorina_larisa; Hintergrund: Shutterstock.com/F16-ISO100

5. Lesemalblätter: Wörter-Bilder

Ferien und Urlaub

Name: Klasse: Datum:

1. Lies. Spure nach. 2. Male das richtige, passende Bild an und streiche das falsche Bild durch. 3. Schreibe das Wort daneben auf die Linie. 4. Male das Bild darunter.

Welle

W

Eis

Flugzeug

Boot

Koffer

Sandburg

Palme

Meer

Bernd Wehren • Lese- und Schreibmalblätter 1./2. Klasse | Illustrationen: Liliane Oser, außer: Sandburg, Baum: Kristina Klotz; Sonne: Shutterstock.com/zorina_larisa; Hintergrund: Shutterstock.com/F16-ISO100

Name: Klasse: Datum:

1. a) Lies. Male. b) Schreibe eigene Wörter ins Bild. Male dazu. c) Erzähle.
2. a) Schreibe eine Geschichte zu deinem Bild. b) Lies deine Geschichte vor.

Sonne Flugzeug Wolken

Meer Wellen

Boot Luftmatratze Wasserball

Eis Sandburg Muschel

Sonnenschirm Strandkorb Palmen

Bernd Wehren • Lese- und Schreibmalblätter 1/2. Klasse | Illustrationen: Liliane Oser, außer: Sonne: Shutterstock.com/zorina_larisa; Hintergrund: Shutterstock.com/F16-ISO100

5. Lesemalblätter: Satzteile **Ferien und Urlaub**

Name: Klasse: Datum:

1. a) Lies. Male. b) Schreibe eigene Wörter und Satzteile ins Bild. Male dazu. c) Erzähle. 2. a) Schreibe eine Geschichte zu deinem Bild. b) Lies deine Geschichte vor.

die gelbe Sonne

drei kleine Wolken

ein rotes Flugzeug

blaues Meer mit Wellen

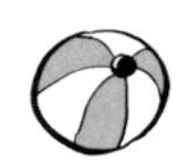

ein gelbes Boot

zwei Luftmatratzen

ein bunter Wasserball

ein leckeres Eis

eine braune Sandburg

eine schöne große Muschel

ein Strandkorb mit buntem Sonnenschirm

zwei hohe Palmen

Bernd Wehren • Lese- und Schreibmalblätter 1./2. Klasse | Illustrationen: Liliane Oser, außer: Sonne: Shutterstock.com/zorina_larisa; Hintergrund: Shutterstock.com/F16-ISO100

5. Lesemalblätter: Sätze   Ferien und Urlaub

Name: Klasse: Datum:

1. a) Lies. Male. b) Schreibe eigene Wörter, Satzteile, Sätze ins Bild. Male dazu. c) Erzähle. 2. a) Schreibe eine Geschichte zu deinem Bild. b) Lies deine Geschichte vor.

Die gelbe Sonne scheint.

Nur drei kleine Wolken sind am hellblauen Himmel zu entdecken.

Am Himmel fliegt
ein grünes Flugzeug
mit einem kleinen Propeller.

Auf den dunkelblauen Wellen
des Meeres treibt ein
gelbes Boot.

Auf der roten Luftmatratze
schwimmt ein Mann mit
einer Sonnenbrille.

Ein Vater und ein Junge
spielen mit einem Wasserball.

Am Strand schleckt ein Mädchen ein Eis.
Ein Junge baut eine Sandburg. Er verziert
sie mit eine schönen großen Muschel.

Die Mutter sitzt neben
zwei Palmen im Strandkorb
unter einem Sonnenschirm.

Bernd Wehren • Lese- und Schreibmalblätter 1./2. Klasse | Illustrationen: Liliane Oser, außer: Sonne: Shutterstock.com/zorina_larisa; Hintergrund: Shutterstock.com/F16-ISO100

6. Lesemalblätter: Wörter-Bilder

Frühling und warme Jahreszeit

Name: Klasse: Datum:

1. Lies. Spure nach. 2. Male das richtige, passende Bild an und streiche das falsche Bild durch. 3. Schreibe das Wort daneben auf die Linie. 4. Male das Bild darunter.

See

S

Regen

Biene

Wiese

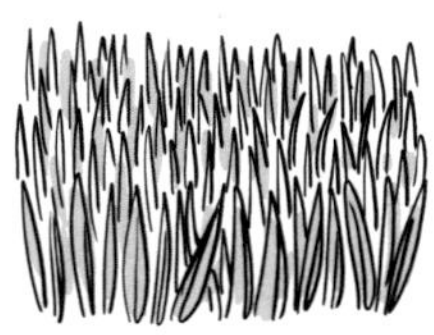

Hase

Frosch

Ente

Maulwurf

 Frühling und warme Jahreszeit

Name: Klasse: Datum:

1. a) Lies. Male. b) Schreibe eigene Wörter ins Bild. Male dazu. c) Erzähle.
2. a) Schreibe eine Geschichte zu deinem Bild. b) Lies deine Geschichte vor.

Sonne Regenbogen Regen

Amseln

See Frosch

Eier Nest Küken

Wiese Hasen Maulwurf

Tulpen Blüten Bienen Marienkäfer

Bernd Wehren • Lese- und Schreibmalblätter 1/2. Klasse | Illustrationen: Liliane Oser, außer: Nest: Anna-Lena Kühler; Sonne: Shutterstock.com/zorina_larisa; Hintergrund: Shutterstock.com/F16-ISO100

Frühling und warme Jahreszeit

Name: Klasse: Datum:

1. a) Lies. Male. b) Schreibe eigene Wörter und Satzteile ins Bild. Male dazu. c) Erzähle. 2. a) Schreibe eine Geschichte zu deinem Bild. b) Lies deine Geschichte vor.

die gelbe Sonne

der bunte Regenbogen

der graue Regen

drei schwarze Amseln

ein blauer See
mit drei grünen Fröschen

ein braunes Nest
mit Eiern und Küken

eine grüne Wiese

zwei Hasen

ein grauer Maulwurf

sechs rote Tulpen und viele bunte Blüten

drei gelb-schwarze Bienen

fünf rote Marienkäfer

Bernd Wehren • Lese- und Schreibmalblätter 1./2. Klasse | Illustrationen: Liliane Oser, außer: Nest: Anna-Lena Kühler; Sonne: Shutterstock.com/zorina_larisa; Hintergrund: Shutterstock.com/F16-ISO100

6. Lesemalblätter: Sätze

Frühling und warme Jahreszeit

Name: Klasse: Datum:

1. a) Lies. Male. b) Schreibe eigene Wörter, Satzteile, Sätze ins Bild. Male dazu. c) Erzähle. 2. a) Schreibe eine Geschichte zu deinem Bild. b) Lies deine Geschichte vor.

Am blauen Himmel scheint die gelbe Sonne.
Durch den Regen entsteht ein bunter Regenbogen.

3 schwarze Amsel hocken
in den Ästen eines Baums.

Am blauen See quaken
3 grüne Frösche.

In einem braunen Nest
am Ufer des Sees
sind 3 Eier und 2 Küken.

Auf einer grünen Wiese spielen 2 Hasen
und ein grauer Maulwurf schaut aus der Erde.

Am Rand der Wiese sind 6 Tulpen
und viele bunte Blüten.

3 gelb-schwarze Bienen
und 5 rote Marienkäfer
sitzen auf den Blüten.

7. Lesemalblätter: Wörter-Bilder

Geburtstag und Feier

Name: Klasse: Datum:

1. Lies. Spure nach. 2. Male das richtige, passende Bild an und streiche das falsche Bild durch. 3. Schreibe das Wort daneben auf die Linie. 4. Male das Bild darunter.

Spiel

S

Torte

Kerze

Mutter

Vater

Ball

Buch

Geschenk

Bernd Wehren • Lese- und Schreibmalblätter 1./2. Klasse | Illustrationen: Liliane Oser, außer: Torte, Geschenk: Kristina Klotz; Sonne: Shutterstock.com/zorina_larisa; Hintergrund: Shutterstock.com/F16-ISO100

7. Lesemalblätter: Wörter Geburtstag und Feier

Name: Klasse: Datum:

1. a) Lies. Male. b) Schreibe eigene Wörter ins Bild. Male dazu. c) Erzähle.
2. a) Schreibe eine Geschichte zu deinem Bild. b) Lies deine Geschichte vor.

Luftballons Luftschlangen Konfetti

Tisch
Torte
Kerzen

Tassen
Teller
Gabeln
Löffel

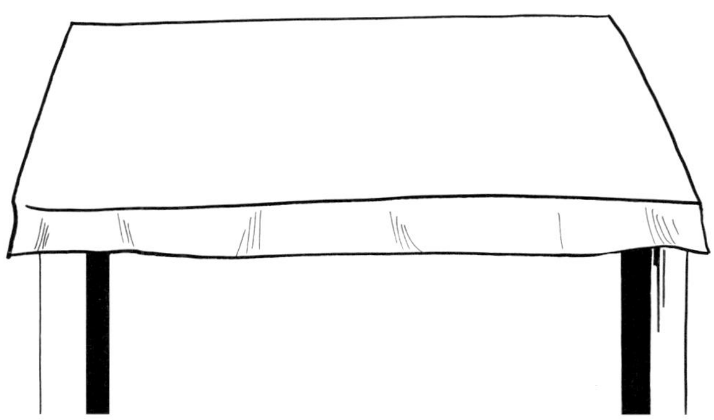

Kinder Mutter Vater Oma Opa

Geschenke Ball Flöte Spiel Buch Kuscheltier

Bernd Wehren • Lese- und Schreibmalblätter 1/2. Klasse | Illustrationen: Liliane Oser, außer: Sonne: Shutterstock.com/zorina_larisa; Hintergrund: Shutterstock.com/F16-ISO100

Name: Klasse: Datum:

1. a) Lies. Male. b) Schreibe eigene Wörter und Satzteile ins Bild. Male dazu. c) Erzähle. 2. a) Schreibe eine Geschichte zu deinem Bild. b) Lies deine Geschichte vor.

acht bunte Luftballons

viele Luftschlangen

buntes Konfetti

ein langer Tisch
6 Tassen und Teller

eine Torte mit 6 Kerzen

6 rote Gabeln
6 blaue Messer
6 grüne Löffel

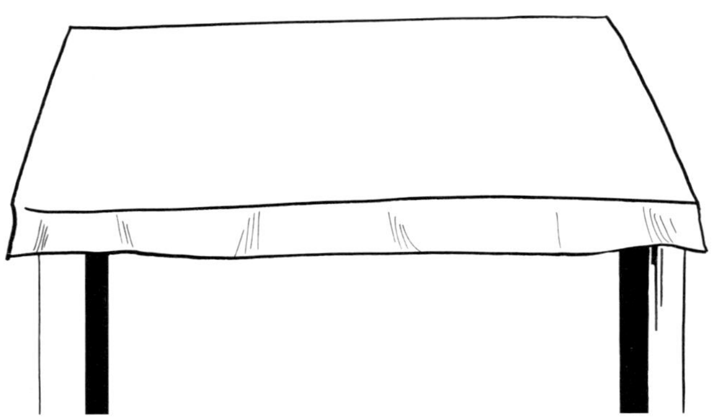

ein Kind

eine nette Mutter und Oma

ein Vater und Opa

viele Geschenke
ein dickes Buch

ein bunter Ball
ein kleines Spiel

eine braune Flöte
ein weiches Kuscheltier

Bernd Wehren • Lese- und Schreibmalblätter 1./2. Klasse | Illustrationen: Liliane Oser, außer: Sonne: Shutterstock.com/zorina_larisa; Hintergrund: Shutterstock.com/F16-ISO100

7. Lesemalblätter: Sätze

Geburtstag und Feier

Name: Klasse: Datum:

1. a) Lies. Male. b) Schreibe eigene Wörter, Satzteile, Sätze ins Bild. Male dazu. c) Erzähle. 2. a) Schreibe eine Geschichte zu deinem Bild. b) Lies deine Geschichte vor.

An einer Leine hängen acht bunte Luftballons und viele Luftschlangen.

In der Luft fliegt buntes Konfetti.

Auf einem langen Tisch stehen eine Torte mit 6 Kerzen, 6 Tassen und Teller, 6 rote Gabeln, 6 blaue Messer und 6 grüne Löffel.

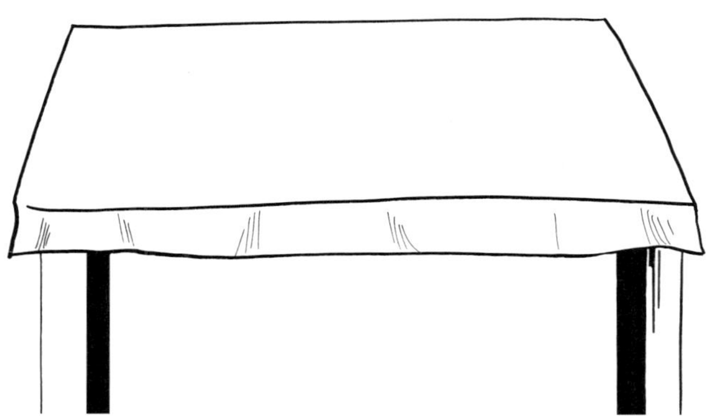

An dem langen Tisch sitzen ein Kind, eine nette Mutter, eine Oma, ein Vater und ein Opa.

Das Geburtstagskind hat viele Geschenke bekommen: einen bunten Ball, eine braune Flöte, ein kleines Spiel, ein dickes Buch und ein weiches Kuscheltier.

Name: Klasse: Datum:

1. Lies. Spure nach. 2. Male das richtige, passende Bild an und streiche das falsche Bild durch. 3. Schreibe das Wort daneben auf die Linie. 4. Male das Bild darunter.

Wolke

Blitz

Mädchen

Junge

Regenschirm

Drachen

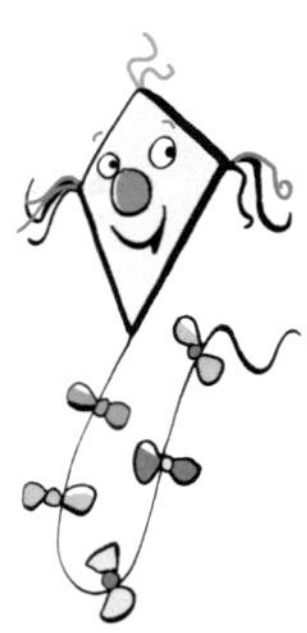

Igel

Pfütze

Bernd Wehren • Lese- und Schreibmalblätter 1./2. Klasse | Illustrationen: Liliane Oser, außer: Sonne: Shutterstock.com/zorina_larisa; Hintergrund: Shutterstock.com/F16-ISO100

Herbst und stürmische Jahreszeit

Name: Klasse: Datum:

1. a) Lies. Male. b) Schreibe eigene Wörter ins Bild. Male dazu. c) Erzähle.
2. a) Schreibe eine Geschichte zu deinem Bild. b) Lies deine Geschichte vor.

Wolken Blitz Donner Hagel Wind

Regenschirm

Kastanienbaum
Eichhörnchen

Mädchen
Regenjacke
Regenhose
Gummistiefel

Junge
Drachen

Laubhaufen Igel Kastanien Pfütze

Bernd Wehren • Lese- und Schreibmalblätter 1./2. Klasse | Illustrationen: Liliane Oser, außer: Sonne: Shutterstock.com/zorina_larisa; Hintergrund: Shutterstock.com/F16-ISO100

Herbst und stürmische Jahreszeit

Name: Klasse: Datum:

1. a) Lies. Male. b) Schreibe eigene Wörter und Satzteile ins Bild. Male dazu. c) Erzähle. 2. a) Schreibe eine Geschichte zu deinem Bild. b) Lies deine Geschichte vor.

drei graue Wolken

ein starker Wind mit Blitz und Donner

viele Hagelkörner und dicke graue Regentropfen

ein schwarzer Regenschirm

ein großer Kastanienbaum
mit einem Eichhörnchen

ein Mädchen
mit Regenjacke, Regenhose
und Gummistiefeln

ein Junge
mit buntem Drachen

ein kleiner grauer Igel
ein brauner Laubhaufen

acht Kastanien
eine Pfütze

Bernd Wehren • Lese- und Schreibmalblätter 1/2. Klasse | Illustrationen: Liliane Oser, außer: Sonne: Shutterstock.com/zorina_larisa; Hintergrund: Shutterstock.com/F16-ISO100

Herbst und stürmische Jahreszeit

Name: Klasse: Datum:

1. a) Lies. Male. b) Schreibe eigene Wörter, Satzteile, Sätze ins Bild. Male dazu. c) Erzähle. 2. a) Schreibe eine Geschichte zu deinem Bild. b) Lies deine Geschichte vor.

Aus drei grauen Wolken fallen viele Hagelkörner und dicke graue Regentropfen.

Es wütet ein starker Wind mit Blitz und Donner.

Ein schwarzer Regenschirm fliegt durch die Luft.

Ein Eichhörnchen sitzt auf einem Kastanienbaum.

Ein Mädchen trägt eine Regenjacke, eine Regenhose und gelbe Gummistiefel.

Ein Junge lässt einen bunten Drachen steigen.

Ein kleiner grauer Igel neben einer Pfütze und acht Kastanien will in den braunen Laubhaufen krabbeln.

Bernd Wehren • Lese- und Schreibmalblätter 1./2. Klasse | Illustrationen: Liliane Oser, außer: Sonne: Shutterstock.com/zorina_larisa; Hintergrund: Shutterstock.com/F16-ISO100

Name: Klasse: Datum:

1. Lies. Spure nach. 2. Male das richtige, passende Bild an und streiche das falsche Bild durch. 3. Schreibe das Wort daneben auf die Linie.
4. Male das Bild darunter.

Supermann

S

Piratin

Luftballons

Monster

Gespenst

Zauberin

Dieb

Königin

Bernd Wehren • Lese- und Schreibmalblätter 1./2. Klasse | Illustrationen: Liliane Oser, außer: Packung mit Luftschlangen: Kristina Klotz; Sonne: Shutterstock.com/zorina_larisa; Hintergrund: Shutterstock.com/F16-ISO100

Name: Klasse: Datum:

1. a) Lies. Male. b) Schreibe eigene Wörter ins Bild. Male dazu. c) Erzähle.
2. a) Schreibe eine Geschichte zu deinem Bild. b) Lies deine Geschichte vor.

Feier Tröte Konfetti Luftschlangen

Piratin Fee

Teufel

Polizist Feuerwehrmann

Monster König

Gespenst Supermann

Zauberin Dieb

9. Lesemalblätter: Satzteile

Karneval und Fasching

Name: Klasse: Datum:

1. a) Lies. Male. b) Schreibe eigene Wörter und Satzteile ins Bild. Male dazu. c) Erzähle. 2. a) Schreibe eine Geschichte zu deinem Bild. b) Lies deine Geschichte vor.

eine fröhliche Feier

mehrere goldene Tröten

buntes Konfetti

viele Luftschlangen

eine Piratin mit Säbel

eine Fee mit spitzem Hut

ein Teufel mit Hörnern

ein Polizist mit Handschellen

ein Supermann mit Umhang

ein Monster mit Krallen

ein weißes Gespenst

eine Zauberin mit Zauberstab

ein König mit Krone

ein Dieb mit Sack

Bernd Wehren • Lese- und Schreibmalblätter 1/2. Klasse | Illustrationen: Liliane Oser, außer: Sonne: Shutterstock.com/zorina_larisa; Hintergrund: Shutterstock.com/F16-ISO100

9. Lesemalblätter: Sätze

Karneval und Fasching

Name: Klasse: Datum:

1. a) Lies. Male. b) Schreibe eigene Wörter, Satzteile, Sätze ins Bild. Male dazu. c) Erzähle. 2. a) Schreibe eine Geschichte zu deinem Bild. b) Lies deine Geschichte vor.

Die Kinder feiern
eine fröhliche Feier.
Überall hängen Luftschlangen.

Die Kinder werfen
buntes Konfetti in die Luft
und pusten in goldene Tröten.

Eine Piratin mit Säbel tanzt mit
einer Fee mit spitzem Hut.

Ein Cowboy mit einem großen Hut rennt
hinter einem Teufel mit Hörnern her.

Ein Polizist mit Handschellen und
ein Feuerwehrmann mit Helm singen.

Ein Monster mit Krallen und ein
König mit Krone essen Süßigkeiten.

Ein weißes Gespenst fliegt hinter
Supermann mit Umhang her.

Eine Zauberin zaubert für
einen Dieb ein Glas Milch herbei.

Bernd Wehren • Lese- und Schreibmalblätter 1/2. Klasse | Illustrationen: Liliane Oser, außer: Sonne: Shutterstock.com/zorina_larisa; Hintergrund: Shutterstock.com/F16-ISO100

Name: Klasse: Datum:

1. Lies. Spure nach. 2. Male das richtige, passende Bild an und streiche das falsche Bild durch. 3. Schreibe das Wort daneben auf die Linie. 4. Male das Bild darunter.

Topf

Herz

Bett

Geige

Kuchen

Pralinen

Vase

Mutter

Bernd Wehren • Lese- und Schreibmalblätter 1/2. Klasse | Illustrationen: Liliane Oser, außer: Schrank, Topf: Anna-Lena Kühler; Bett, Pralinen: Kristina Klotz; Sonne: Shutterstock.com/zorina_larisa; Hintergrund: Shutterstock.com/F16-ISO100

Name: Klasse: Datum:

1. a) Lies. Male. b) Schreibe eigene Wörter ins Bild. Male dazu. c) Erzähle.
2. a) Schreibe eine Geschichte zu deinem Bild. b) Lies deine Geschichte vor.

Mutter Bett Vater Blumenstrauß Geschenk

Frühstück

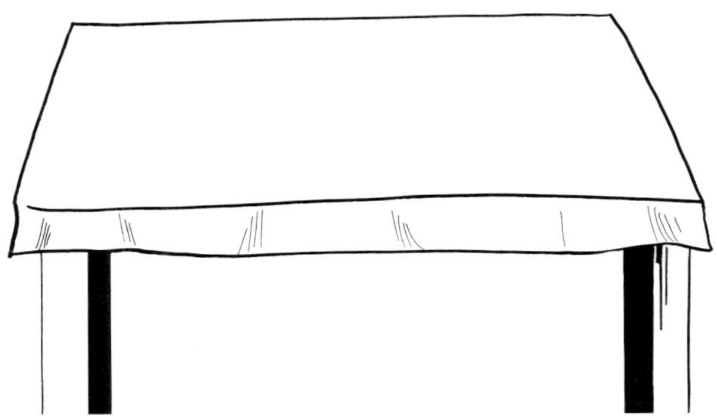

Geige

Geschirr

Kuchen Pralinen Herz

 Muttertag und Nestwärme

Name: Klasse: Datum:

1. a) Lies. Male. b) Schreibe eigene Wörter und Satzteile ins Bild. Male dazu. c) Erzähle. 2. a) Schreibe eine Geschichte zu deinem Bild. b) Lies deine Geschichte vor.

die liebe Mutter
im blauen Bett

der Vater mit buntem
Blumenstrauß und
kleinem Geschenk

ein leckeres
Frühstück

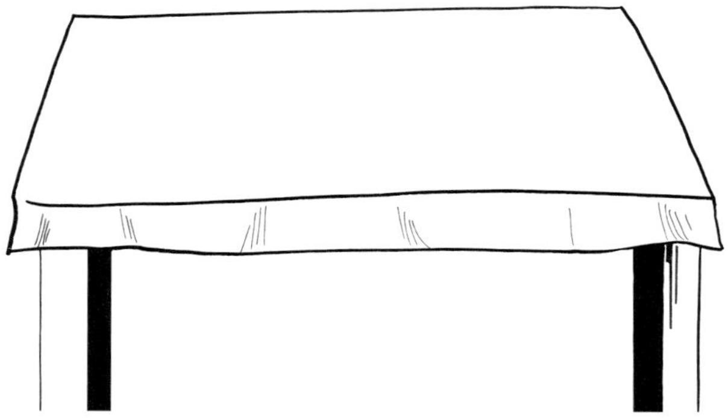

Geschirr auf
einem Tisch

eine braune Geige

ein bunter Kuchen

eine Schachtel
mit Pralinen

eine Karte
mit rotem Herz

Bernd Wehren • Lese- und Schreibmalblätter 1./2. Klasse | Illustrationen: Liliane Oser, außer: Sonne: Shutterstock.com/zorina_larisa; Hintergrund: Shutterstock.com/F16-ISO100

Muttertag und Nestwärme

Name: Klasse: Datum:

1. a) Lies. Male. b) Schreibe eigene Wörter, Satzteile, Sätze ins Bild. Male dazu. c) Erzähle. 2. a) Schreibe eine Geschichte zu deinem Bild. b) Lies deine Geschichte vor.

Die liebe Mutter liegt im blauen Bett.

Der nette Vater schenkt seiner Frau einen bunten Blumenstrauß und ein kleines Geschenk.

Ein Mädchen trägt auf einem Tablett ein leckeres Frühstück.

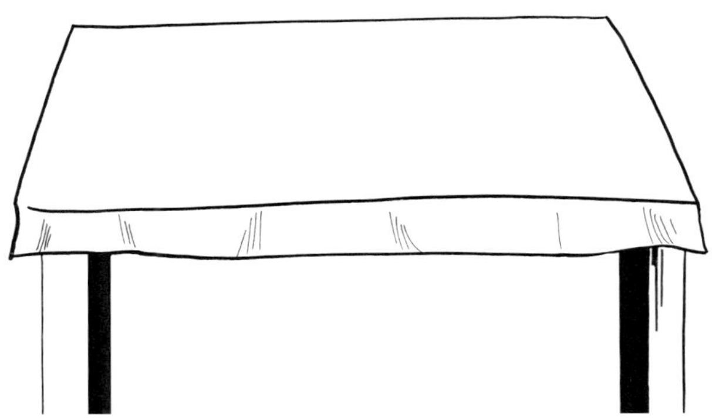

Ein Junge spielt auf einer braunen Geige.

Ein Junge und ein Mädchen stellen Geschirr auf den Tisch.

Ein bunter Kuchen steht auf dem Tisch.

Eine Schachtel Pralinen ist schön verpackt.

Ein Junge schreibt auf eine Karte mit rotem Herz.

Bernd Wehren • Lese- und Schreibmalblätter 1/2. Klasse | Illustrationen: Liliane Oser, außer: Sonne: Shutterstock.com/zorina_larisa; Hintergrund: Shutterstock.com/F16-ISO100

11. Lesemalblätter: Wörter-Bilder

Sport- und Spielfest

Name: Klasse: Datum:

1. Lies. Spure nach. 2. Male das richtige, passende Bild an und streiche das falsche Bild durch. 3. Schreibe das Wort daneben auf die Linie. 4. Male das Bild darunter.

Schaukel

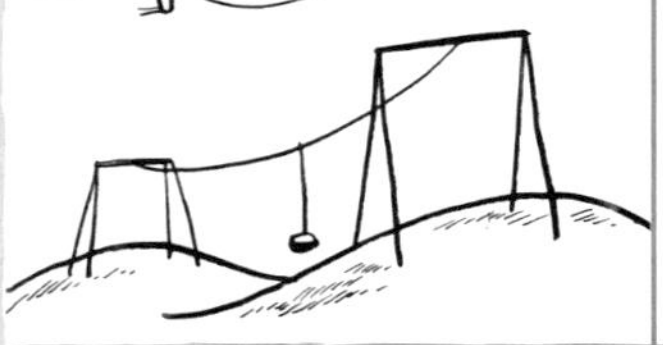

S

Urkunde

Turnstange

Fußballtor

Seil

Reifen

Hüpfburg

Rollbrett

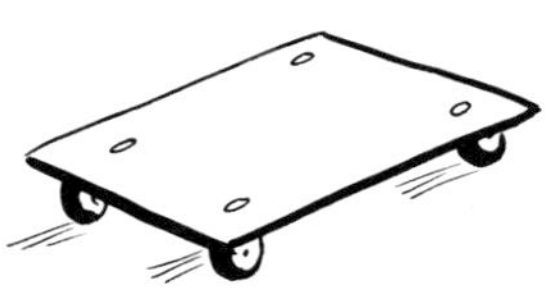

Bernd Wehren • Lese- und Schreibmalblätter 1/2. Klasse | Illustrationen: Liliane Oser, außer: Reifen: Kristina Klotz; Sonne: Shutterstock.com/zorina_larisa; Hintergrund: Shutterstock.com/F16-ISO100

Name: Klasse: Datum:

1. a) Lies. Male. b) Schreibe eigene Wörter ins Bild. Male dazu. c) Erzähle.
2. a) Schreibe eine Geschichte zu deinem Bild. b) Lies deine Geschichte vor.

Torwand Kinder Basketballkorb

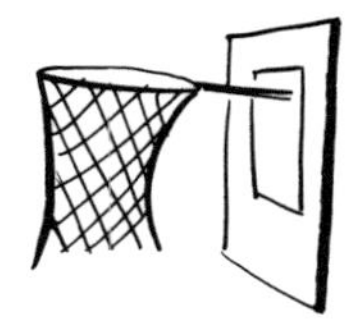

Hüpfburg

Basketbälle

Turnstange Fußballtore Fußbälle

Schiedsrichter Urkunden
Tischtennisplatte

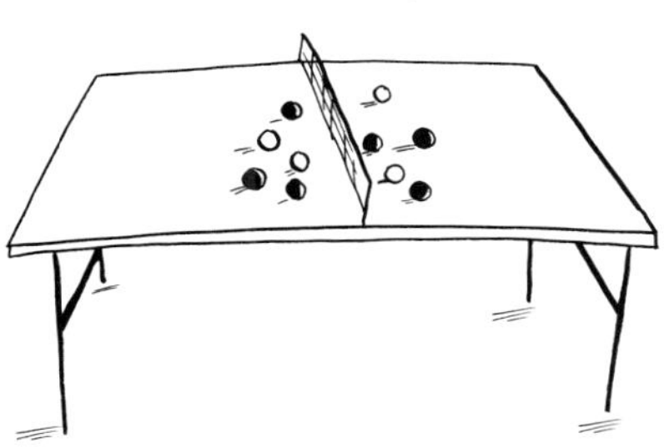

Reifen Seile Rollbretter Pedalo

Bernd Wehren • Lese- und Schreibmalblätter 1/2. Klasse | Illustrationen: Liliane Oser, außer: Sonne: Shutterstock.com/zorina_larisa; Hintergrund: Shutterstock.com/F16-ISO100

Name: Klasse: Datum:

1. a) Lies. Male. b) Schreibe eigene Wörter und Satzteile ins Bild. Male dazu. c) Erzähle. 2. a) Schreibe eine Geschichte zu deinem Bild. b) Lies deine Geschichte vor.

viele Kinder an einer Torwand

ein hoher Basketballkorb

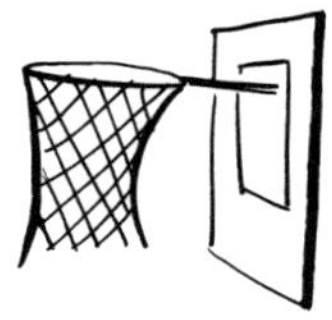

eine rote Hüpfburg

fünf orange Basketbälle

eine Turnstange

zwei Fußballtore

vier graue Fußbälle

eine grüne Tischtennisplatte

ein freundlicher Schiedsrichter

viele Urkunden

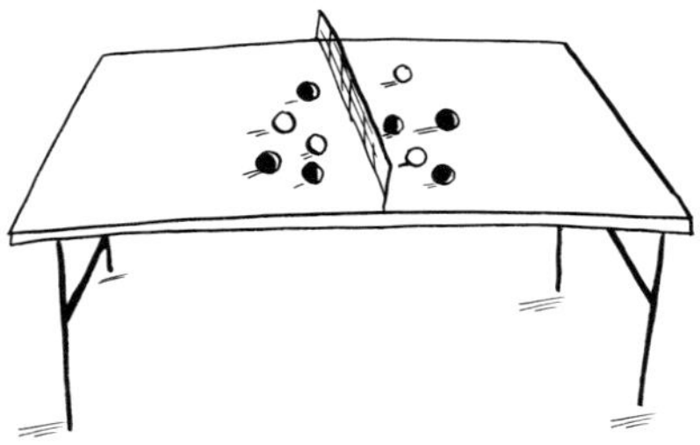

vier Seile zwei Rollbretter ein gelbes Pedalo drei bunte Reifen

11. Lesemalblätter: Sätze

Sport- und Spielfest

Name: Klasse: Datum:

1. a) Lies. Male. b) Schreibe eigene Wörter, Satzteile, Sätze ins Bild. Male dazu. c) Erzähle. 2. a) Schreibe eine Geschichte zu deinem Bild. b) Lies deine Geschichte vor.

Auf dem Schulhof spielen viele Kinder an einer blauen Torwand.

An der Seite ist ein hoher Basketballkorb aufgebaut.

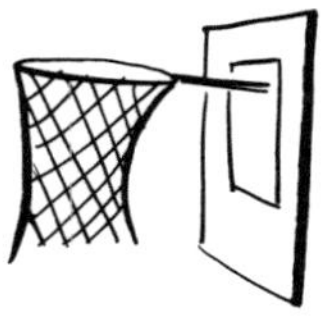

Auf einer roten Hüpfburg hüpfen Kinder.

Neben einer Turnstange stehen zwei Fußballtore. Eltern und Kinder spielen mit vier grauen Fußbällen.

Unter dem Basketballkorb liegen fünf orange Basketbälle.

Ein freundlicher Schiedsrichter verteilt viele Urkunden an Kinder neben der grünen Tischtennisplatte.

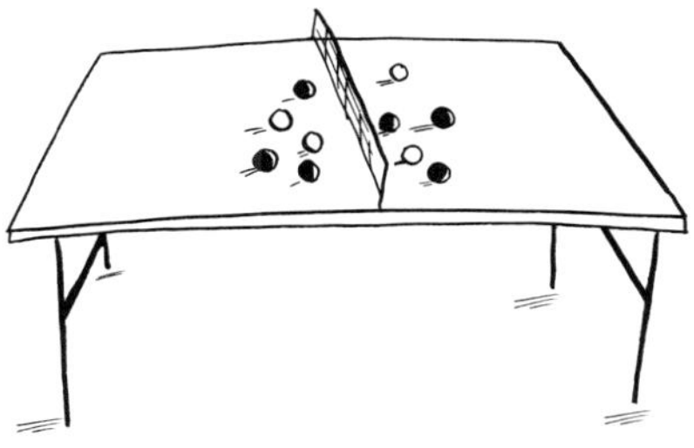

Es gibt vier lange Seile, zwei braune Rollbretter, drei bunte Reifen und ein gelbes Pedalo. Einige Jungen und Mädchen spielen damit.

 Sommer und heiße Jahreszeit

Name: Klasse: Datum:

1. Lies. Spure nach. 2. Male das richtige, passende Bild an und streiche das falsche Bild durch. 3. Schreibe das Wort daneben auf die Linie. 4. Male das Bild darunter.

Spinne

S

Zeppelin

Garten

Fluss

Mücke

Käfer

Grill

Badehose

Bernd Wehren • Lese- und Schreibmalblätter 1./2. Klasse | Illustrationen: Liliane Oser, außer: Grill, Mücke: Kristina Klotz; Spinne: Anna-Lena Kühler; Sonne: Shutterstock.com/zorina_larisa; Hintergrund: Shutterstock.com/F16-ISO100

12. Lesemalblätter: Wörter

Sommer und heiße Jahreszeit

Name: Klasse: Datum:

1. a) Lies. Male. b) Schreibe eigene Wörter ins Bild. Male dazu. c) Erzähle.
2. a) Schreibe eine Geschichte zu deinem Bild. b) Lies deine Geschichte vor.

Sonne Himmel Zeppelin

Wald
Fluss
Schmetterlinge
Käfer

Spinne Netz

Getreidefelder
Traktor

Garten Rasen Blumen

Eisdiele Sonnenschirme

Grill Mann

Kinder Badehose Badeanzug Pool

Bernd Wehren • Lese- und Schreibmalblätter 1/2. Klasse | Illustrationen: Liliane Oser, außer: Sonne: Shutterstock.com/zorina_larisa; Hintergrund: Shutterstock.com/F16-ISO100

Name: Klasse: Datum:

1. a) Lies. Male. b) Schreibe eigene Wörter und Satzteile ins Bild. Male dazu. c) Erzähle. 2. a) Schreibe eine Geschichte zu deinem Bild. b) Lies deine Geschichte vor.

die gelbe Sonne

der blaue Himmel

der graue Zeppelin

ein Wald mit einem blauen Fluss

zwei rot-blaue Schmetterlinge
und fünf braune Käfer

eine Spinne im Netz

ein Traktor auf
einem Getreidefeld

ein Garten mit Rasen und Blumen

eine Eisdiele mit Sonnenschirmen

ein Mann vor einem Grill

Kinder mit Badehose und Badeanzug neben einem Pool

12. Lesemalblätter: Sätze Sommer und heiße Jahreszeit

Name: Klasse: Datum:

1. a) Lies. Male. b) Schreibe eigene Wörter, Satzteile, Sätze ins Bild. Male dazu. c) Erzähle. 2. a) Schreibe eine Geschichte zu deinem Bild. b) Lies deine Geschichte vor.

Die gelbe Sonne scheint stark.

Am blauen Himmel fliegt ein grauer Zeppelin.

Im Wald fließt ein blauer Fluss.

Über dem Fluss fliegen zwei rot-blaue Schmetterlinge und fünf braune Käfer.

Eine braune Spinne sitzt und wartet in ihrem grauen Netz.

Ein Traktor fährt auf einem Getreidefeld.

Eine Frau steht im Garten mit Rasen und Blumen.

Vor einer Eisdiele mit Sonnenschirmen sitzen Kinder.

Ein Mann schwitzt vor einem Grill.

Kinder mit Badehose und Badeanzug liegen neben einem Pool auf Decken und Handtüchern.

Bernd Wehren • Lese- und Schreibmalblätter 1/2. Klasse | Illustrationen: Liliane Oser, außer: Sonne: Shutterstock.com/zorina_larisa; Hintergrund: Shutterstock.com/F16-ISO100

Spielplatz und fröhliche Kinder

Name: Klasse: Datum:

1. Lies. Spure nach. 2. Male das richtige, passende Bild an und streiche das falsche Bild durch. 3. Schreibe das Wort daneben auf die Linie. 4. Male das Bild darunter.

Seilbahn

S

Rutsche

Wippe

Hüpfburg

Kletternetz

Karussell

Schaukel

Trampolin

Spielplatz und fröhliche Kinder

Name: Klasse: Datum:

1. a) Lies. Male. b) Schreibe eigene Wörter ins Bild. Male dazu. c) Erzähle.
2. a) Schreibe eine Geschichte zu deinem Bild. b) Lies deine Geschichte vor.

Schaukel

Rutsche

Wippe

Piratenschiff

Hüpfburg

Turnstange

Stehkarussell

Kletternetz

Rakete

Sandkasten

Trampolin

Bernd Wehren • Lese- und Schreibmalblätter 1./2. Klasse | Illustrationen: Liliane Oser, außer: Sonne: Shutterstock.com/zorina_larisa; Hintergrund: Shutterstock.com/F16-ISO100

13. Lesemalblätter: Satzteile

Spielplatz und fröhliche Kinder

Name: Klasse: Datum:

1. a) Lies. Male. b) Schreibe eigene Wörter und Satzteile ins Bild. Male dazu. c) Erzähle. 2. a) Schreibe eine Geschichte zu deinem Bild. b) Lies deine Geschichte vor.

eine blaue Schaukel eine gelbe Rutsche eine braune Wippe

ein riesiges Piratenschiff

eine braune Hüpfburg

drei silberne Turnstangen

ein rundes und buntes Stehkarussell

ein rotes Kletternetz

eine hohe Rakete

ein rechteckiger Sandkasten

ein rundes und blaues Trampolin

Bernd Wehren • Lese- und Schreibmalblätter 1./2. Klasse | Illustrationen: Liliane Oser, außer: Sonne: Shutterstock.com/zorina_larisa; Hintergrund: Shutterstock.com/F16-ISO100

13. Lesemalblätter: Sätze

Spielplatz und fröhliche Kinder

Name: Klasse: Datum:

1. a) Lies. Male. b) Schreibe eigene Wörter, Satzteile, Sätze ins Bild. Male dazu. c) Erzähle. 2. a) Schreibe eine Geschichte zu deinem Bild. b) Lies deine Geschichte vor.

Auf einem Spielplatz stehen eine blaue Schaukel, eine gelbe Rutsche und eine braune Wippe.

Einige Kinder klettern auf einem riesigen Piratenschiff und einer braunen Hüpfburg.

Ein Junge dreht sich auf einem runden und bunten Stehkarussell.

Ein Mädchen turnt an einer der drei silbernen Turnstangen.

Ein Junge sitzt in einer hohen Rakete.

Ein Mädchen sitzt oben im roten Kletternetz.

Im rechteckigen Sandkasten baut ein Papa kleine Sandburgen.

Eine Mama hüpft auf einem runden und blauen Trampolin.

Bernd Wehren • Lese- und Schreibmalblätter 1./2. Klasse | Illustrationen: Liliane Oser, außer: Sonne: Shutterstock.com/zorina_larisa; Hintergrund: Shutterstock.com/F16-ISO100

Name: Klasse: Datum:

1. Lies. Spure nach. 2. Male das richtige, passende Bild an und streiche das falsche Bild durch. 3. Schreibe das Wort daneben auf die Linie.
4. Male das Bild darunter.

Stern

S

Kugel

Tannenbaum

Schaf

Krippe

Engel

Adventskranz

Lametta

Bernd Wehren • Lese- und Schreibmalblätter 1./2. Klasse | Illustrationen: Liliane Oser, außer: Adventskranz: Kristina Klotz; Sonne: Shutterstock.com/zorina_larisa; Hintergrund: Shutterstock.com/F16-ISO100

Weihnachten und Fest der Liebe

Name: Klasse: Datum:

1. a) Lies. Male. b) Schreibe eigene Wörter ins Bild. Male dazu. c) Erzähle.
2. a) Schreibe eine Geschichte zu deinem Bild. b) Lies deine Geschichte vor.

Stern Wunschzettel Adventskalender

Tannenbaum
Kugeln
Lametta

Stall
drei Könige Schafe Engel
Maria Josef Jesuskind
Esel Kerze

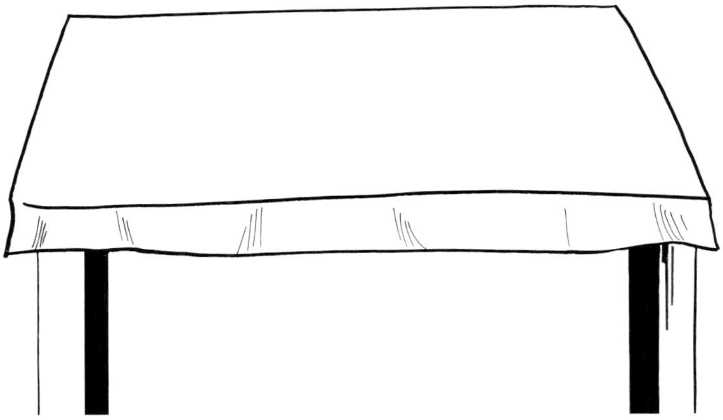

Tisch Geschenke Weihnachtsteller Adventskranz

Bernd Wehren • Lese- und Schreibmalblätter 1./2. Klasse | Illustrationen: Liliane Oser, außer: Stern: Anna-Lena Kühler; Sonne: Shutterstock.com/zorina_larisa; Hintergrund: Shutterstock.com/F16-ISO100

Name: Klasse: Datum:

1. a) Lies. Male. b) Schreibe eigene Wörter und Satzteile ins Bild. Male dazu. c) Erzähle. 2. a) Schreibe eine Geschichte zu deinem Bild. b) Lies deine Geschichte vor.

ein gelber Stern

ein langer Wunschzettel

ein blauer Adventskalender

ein Tannenbaum
acht rote Kugeln
silbernes Lametta

ein großer Stall
drei Könige
weiße Schafe
ein Engel mit Flügeln

Maria und Josef
ein grauer Esel

das kleine Jesuskind
eine rote Kerze

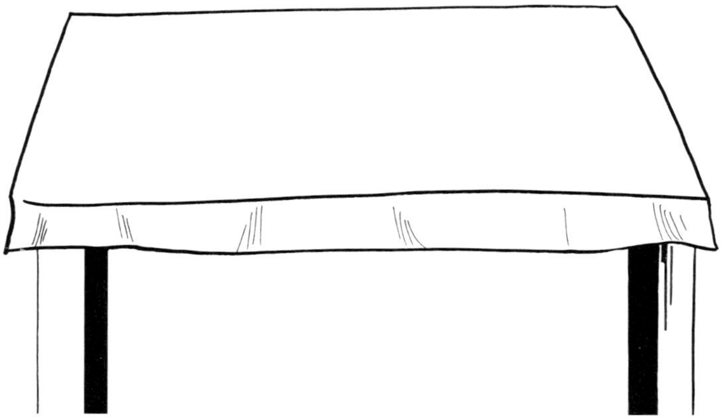

Tisch bunte Geschenke
ein bunter Weihnachtsteller und ein grüner Adventskranz

Bernd Wehren • Lese- und Schreibmalblätter 1/2. Klasse | Illustrationen: Liliane Oser, außer: Stern: Anna-Lena Kühler; Sonne: Shutterstock.com/zorina_larisa; Hintergrund: Shutterstock.com/F16-ISO100

Weihnachten und Fest der Liebe

Name: Klasse: Datum:

1. a) Lies. Male. b) Schreibe eigene Wörter, Satzteile, Sätze ins Bild. Male dazu. c) Erzähle. 2. a) Schreibe eine Geschichte zu deinem Bild. b) Lies deine Geschichte vor.

An der Wand hängen ein gelber Stern, ein langer Wunschzettel
und ein blauer Adventskalender.

Am grünen Tannenbaum
hängen acht
rote Kugeln
und viel Lametta.

Neben dem Stall stehen
drei Könige.
Ein Engel fliegt über dem Dach.

Maria und Josef sind im Stall neben der
Krippe mit dem Jesuskind.
Links und rechts liegen ein brauner
Ochse und ein grauer Esel.

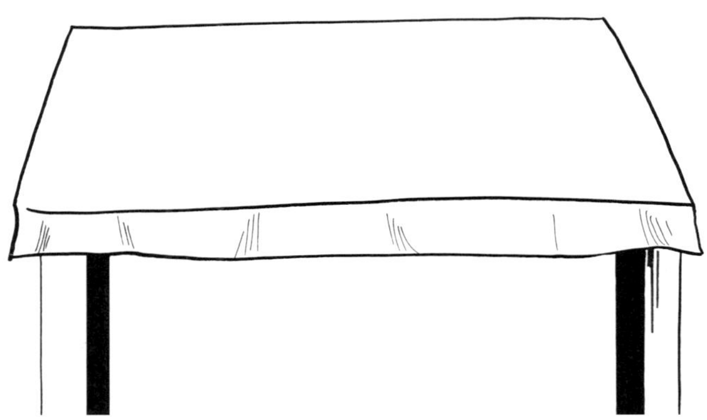

Es gibt viele bunte Geschenke, einen Weihnachtsteller
und einen grünen Adventskranz. Auf dem Tisch steht eine rote Kerze.

Bernd Wehren • Lese- und Schreibmalblätter 1./2. Klasse | Illustrationen: Liliane Oser, außer: Stern: Anna-Lena Kühler; Sonne: Shutterstock.com/zorina_larisa; Hintergrund: Shutterstock.com/F16-ISO100

15. Lesemalblätter: Wörter-Bilder

Winter und kalte Jahreszeit

Name: Klasse: Datum:

1. Lies. Spure nach. 2. Male das richtige, passende Bild an und streiche das falsche Bild durch. 3. Schreibe das Wort daneben auf die Linie.
4. Male das Bild darunter.

Schlitten

S

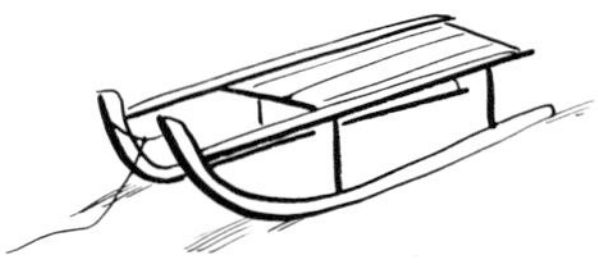
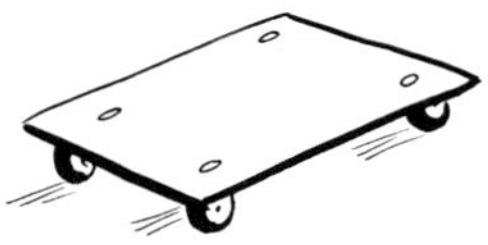

Mütze

Berge

Iglu

Eimer

Schnee

Besen

Eiszapfen

Bernd Wehren • Lese- und Schreibmalblätter 1./2. Klasse | Illustrationen: Liliane Oser, außer: Schnee: Anna-Lena Kühler; Eimer: Kristina Klotz; Sonne: Shutterstock.com/zorina_larisa; Hintergrund: Shutterstock.com/F16-ISO100

15. Lesemalblätter: Wörter

Winter und kalte Jahreszeit

Name: Klasse: Datum:

1. a) Lies. Male. b) Schreibe eigene Wörter ins Bild. Male dazu. c) Erzähle.
2. a) Schreibe eine Geschichte zu deinem Bild. b) Lies deine Geschichte vor.

Schneeflocken Feuerwerk Berge

Eiszapfen
Vogelhäuschen

Iglu
Schneeballschlacht

Schneebälle
Schnee

Schneemann
Eimer Besen

Schlitten
Junge

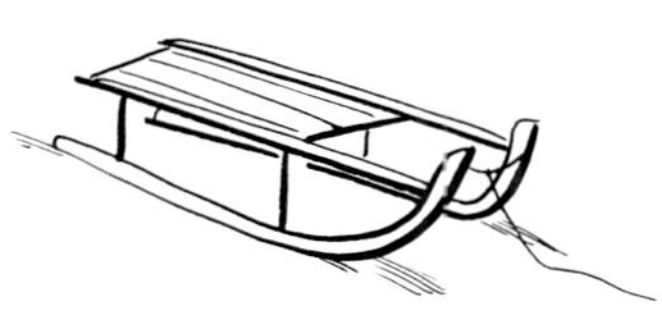

Kind
Schal Mütze

Eis See Mädchen Schlittschuhe

Bernd Wehren • Lese- und Schreibmalblätter 1/2. Klasse | Illustrationen: Liliane Oser, außer: Sonne: Shutterstock.com/zorina_larisa; Hintergrund: Shutterstock.com/F16-ISO100

15. Lesemalblätter: Satzteile

Winter und kalte Jahreszeit

Name: Klasse: Datum:

1. a) Lies. Male. b) Schreibe eigene Wörter und Satzteile ins Bild. Male dazu. c) Erzähle. 2. a) Schreibe eine Geschichte zu deinem Bild. b) Lies deine Geschichte vor.

weiße Schneeflocken

buntes Feuerwerk

hohe Berge

spitze Eiszapfen
am Vogelhäuschen

eine Schneeballschlacht
vor dem Iglu

ein Schneemann
mit Eimer und Besen

viele Schneebälle
Schnee

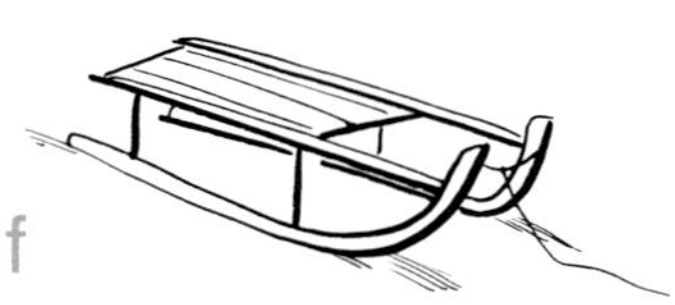

ein Junge auf
einem braunen Schlitten

Kind mit Schal
und Mütze

zugefrorener See

ein Mädchen mit
grauen Schlittschuhen

15. Lesemalblätter: Sätze

Winter und kalte Jahreszeit

Name: Klasse: Datum:

1. a) Lies. Male. b) Schreibe eigene Wörter, Satzteile, Sätze ins Bild. Male dazu. c) Erzähle. 2. a) Schreibe eine Geschichte zu deinem Bild. b) Lies deine Geschichte vor.

Auf die Erde fallen weiße Schneeflocken.

Über den hohen Bergen sieht man ein buntes Feuerwerk.

Am Vogelhäuschen hängen lange und spitze Eiszapfen.

Vier Kinder machen eine Schneeballschlacht vor dem grauen Iglu.

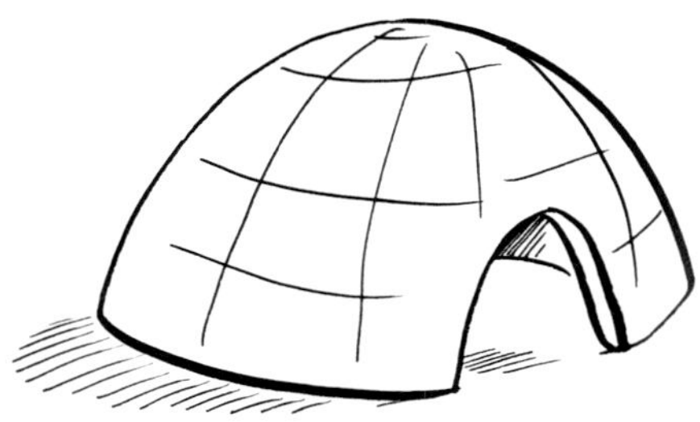

Im Garten steht ein Schneemann mit Eimer und Besen.

Im Schnee liegen viele Schneebälle.

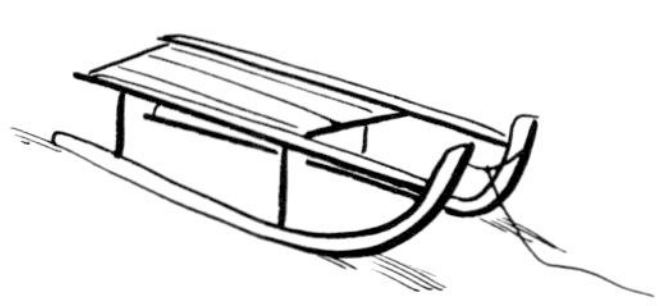

Ein Junge sitzt auf einem braunen Schlitten.

Ein Kind mit Schal und Mütze liegt im weißen Schnee.

Der See ist zugefroren.

Ein Mädchen fährt auf grauen Schlittschuhen über das blaue Eis.

16. Lesemalblätter: Wörter-Bilder

Zoo und wilde Tiere

Name: Klasse: Datum:

1. Lies. Spure nach. 2. Male das richtige, passende Bild an und streiche das falsche Bild durch. 3. Schreibe das Wort daneben auf die Linie.
4. Male das Bild darunter.

Tiger

T

Löwe

Affe

Zebra

Elefant

Zoo

Nashorn

Robbe

Bernd Wehren • Lese- und Schreibmalblätter 1./2. Klasse | Illustrationen: Liliane Oser, außer: Sonne: Shutterstock.com/zorina_larisa; Hintergrund: Shutterstock.com/F16-ISO100

16. Lesemalblätter: Wörter

Zoo und wilde Tiere

Name: Klasse: Datum:

1. a) Lies. Male. b) Schreibe eigene Wörter ins Bild. Male dazu. c) Erzähle.
2. a) Schreibe eine Geschichte zu deinem Bild. b) Lies deine Geschichte vor.

Löwe Tiger Panter Gehege

Affen Gorilla
Bananen Zoowärter

Elefant
Tierpfleger Schlauch

Zebras Nashorn
Wiese

Faultier Koalabär
Baum

Wasser Schildkröte

Bernd Wehren • Lese- und Schreibmalblätter 1./2. Klasse | Illustrationen: Liliane Oser, außer: Sonne: Shutterstock.com/zorina_larisa; Hintergrund: Shutterstock.com/F16-ISO100

Name: Klasse: Datum:

1. a) Lies. Male. b) Schreibe eigene Wörter und Satzteile ins Bild. Male dazu. c) Erzähle. 2. a) Schreibe eine Geschichte zu deinem Bild. b) Lies deine Geschichte vor.

ein brauner Löwe

ein gestreifter Tiger

ein schwarzer Panter

im Gehege

zwei braune Affen
ein grauer Gorilla
gelbe Bananen
ein kleiner Zoowärter

ein grauer Elefant
ein großer Tierpfleger
ein langer Schlauch

drei Zebras, ein Nashorn
große Wiese

ein Faultier
und ein Koalabär im Baum

eine Schildkröte im Wasser

Bernd Wehren • Lese- und Schreibmalblätter 1/2. Klasse | Illustrationen: Liliane Oser, außer: Sonne: Shutterstock.com/zorina_larisa; Hintergrund: Shutterstock.com/F16-ISO100

16. Lesemalblätter: Sätze

Zoo und wilde Tiere

Name: Klasse: Datum:

1. a) Lies. Male. b) Schreibe eigene Wörter, Satzteile, Sätze ins Bild. Male dazu. c) Erzähle. 2. a) Schreibe eine Geschichte zu deinem Bild. b) Lies deine Geschichte vor.

Ein brauner Löwe, ein gestreifter Tiger, ein schwarzer Panter sind in ihrem Gehege.

Ein Zoowärter füttert die Affen und Gorillas im Affenhaus mit leckeren Bananen.

Ein großer Tierpfleger wäscht einen grauen Elefanten mit Wasser aus einem langen Schlauch.

Auf der Wiese stehen drei Zebras und ein Nashorn.

Ein Faultier und ein Koalabär sitzen im Baum.

Eine Schildkröte schwimmt im Wasser.

Bernd Wehren • Lese- und Schreibmalblätter 1/2. Klasse | Illustrationen: Liliane Oser, außer: Sonne: Shutterstock.com/zorina_larisa; Hintergrund: Shutterstock.com/F16-ISO100

Urkunde

für

Du hast die Lesemalblätter richtig
und sinnvoll an- und weitergemalt.
Du kannst Wörter, Satzteile,
Sätze lesen und schreiben.

Toll! Weiter so!

Datum, Unterschrift